GUÍAS ESPIRITUALES

Guía para principiantes sobre la comunicación con guías espirituales y ángeles de la guarda

Taylor Turner

CONTENTS

INTRODUCCIÓN

¿Alguna vez has sentido que estás librando una batalla perdida contra la vida y que estás completamente solo? Este tipo de sentimientos pueden ser destructivos y dañinos. Pero, ¿y si supieras que el universo y el mundo espiritual tienen un equipo de guías dispuestos a ayudarte, guiarte y protegerte desde el momento en que naces? Aunque no te sientas especialmente espiritual o en sintonía con el universo, están ahí, esperando a que te acerques y recibas sus mensajes.

Tal vez ya hayas sido bendecido por mensajes espirituales. Las comunicaciones aparentemente normales se envían a menudo para darte un empujón en la dirección correcta. ¿Has experimentado alguna vez una "coincidencia" que ha aparecido justo en el momento adecuado?

En este libro hablaremos de quiénes son estos miembros de tu equipo espiritual, por qué están ahí y cómo puedes empezar a comunicarte con ellos. A los espíritus no les importan tus creencias religiosas; simplemente están ahí para ti. Una vez que sepas interpretar sus señales, pedirles ayuda y comunicarte abiertamente con ellos, podrás utilizarlos en todo su potencial para mejorar tu estancia aquí en la Tierra.

CAPÍTULO 1: ¿QUÉ SON LOS GUÍAS ESPIRITUALES?

La existencia de espíritus guía no puede descartarse de antemano, porque, en realidad, todo el mundo ha tenido alguna experiencia en la que fuerzas externas han influido en él. La diferencia es que los creyentes reconocerán que los espíritus y el universo están enviando señales y mensajes, mientras que los no creyentes harán pasar las experiencias por coincidencias y acontecimientos naturales de la vida.

Si crees en los guías espirituales, entonces reconoces que son una experiencia humana compartida. No sólo aparecen a las personas que creen en ellos; son fuerzas que existen únicamente para ayudar al crecimiento espiritual y conducirnos por un camino de claridad, alegría y paz interior. Así que, aunque la idea de los espíritus guía como seres tangibles no se ajuste a tus creencias, al menos debes reconocer que existen formas arquetípicas de energía que gobiernan nuestra forma de vivir.

En las enseñanzas espirituales occidentales, muchas formas de guías espirituales forman un equipo de mentores para proteger a los humanos encarnados y proporcionarles el conocimiento y el apoyo que necesitan. Guía espiritual es un término general que abarca muchas formas de protectores, incluidos los ejemplos que se enumeran a continuación. Esta lista no es exhaustiva, ya que algunas personas encuentran que sus conexiones son únicas y no entran en grupos regulares.

¿Quién forma parte de su equipo?

Primero, tendrás un guía mayor, también conocido como ángel guardián, que se te asigna antes de que nazcas. Hablaremos de los ángeles guardianes con más detalle más adelante en el libro, pero por ahora llamaremos a este guía mayor tu "guía de vida", y comenzaremos con ellos.

- **Guía de la vida:** Estos guardianes están contigo desde el momento en que naces hasta el momento en que mueres y más allá. Te han elegido porque reconocen que tu espíritu resuena con el suyo. Son los únicos espíritus que nunca se separan de ti.

Una vez que conectes con tu guía vital, tendrás una idea de su individualidad. Tendrás un nombre que podrás utilizar para invocarlos y una sensación general de su apariencia y su trasfondo como espíritu. Se conectarán contigo siempre que los necesites y actuarán como acompañantes del resto de tu equipo espiritual. Los guías de vida son como directores de oficina entrenados para reducir el caos.

- **Guías del tiempo divino:** Son los guardianes del tiempo del mundo espiritual. Tienen un plan para tu vida y te darán empujoncitos cuando necesites tomar ciertos caminos. Siempre están trabajando para que tu vida vaya sobre ruedas, pero eso no significa necesariamente que vayas a conseguir todo lo que deseas.

Si recibes mensajes a través de números y sincronicidad, estos son los espíritus que los enviaron. Asegúrate de comprender la relevancia y el simbolismo que representan los números para poder interpretar sus mensajes.

- **Guías guerreros:** Son seres increíblemente iluminados que están ahí para protegerte de todo tipo de ataques. Pueden ser ataques espirituales, físicos o mentales, pero se centrarán principalmente en asuntos psíquicos. Estos guías son los responsables de esa inquietante sensación visceral cuando sientes que algo no va bien.

- Guías creativos: Estos espíritus son los responsables de los asuntos creativos. Enseñarán a tu alma a apreciar las habilidades y capacidades que tienes y a darles un buen uso. Incluso el alma menos creativa se beneficiará de estos guías. Te darán soluciones creativas alternativas a todos tus dilemas.

- Guardianes: Son tus guardaespaldas secundarios que trabajan en estrecha colaboración con tus protectores guerreros. Poseen tu registro Akáshico, un registro psíquico de cada pensamiento y acontecimiento que ha sucedido en tu pasado, presente y futuro. Esto les permite protegerle de todas las energías negativas que amenazan con invadir su vida. Su espíritu guardián es como un portero de clase alta en un club exclusivo con una lista. Sólo permitirán la entrada a las formas superiores de energía, y bloquearán toda la negatividad.

- Seres de luz: Todos tenemos momentos de desesperación. La muerte de seres queridos o acontecimientos traumáticos nos ocurren a todos. Los seres de luz estarán a tu lado para levantarte el ánimo y ayudarte a atravesar la oscuridad. Se les llama seres de luz porque, literalmente, traerán luz a tu vida.

- Mitad hombre, mitad bestia: También denominados transespecies, estos espíritus han adoptado cualidades humanas y animales. Muchas deidades tienen esta forma, como Anubis, el dios con cabeza de chacal del antiguo Egipto. Otras formas de transespecie son las sirenas, las arpías y los centauros. Los espíritus adoptan esta forma para parecer mágicos y menos amenazadores para las personas que dudan del mundo de los espíritus.

- Ancestros guía: Cuando fallecen miembros de tu familia, se les da la oportunidad de actuar como guías para ti. También tendrán sus propios guías ancestrales que se unirán a tu equipo espiritual aunque os separen generaciones. Si conecta con un espíritu que le resulta familiar, podría tratarse de un vínculo ancestral. Si sientes una conexión con este tipo de espíritu, intenta investigar en tu árbol genealógico para descubrir quién podría ser y qué cualidades aporta.

- **Maestros ascendidos:** Son seres superiores que han vivido vidas fructíferas y han alcanzado planos espirituales superiores. Han pasado por sus propios despertares espirituales y han trascendido el ciclo de la reencarnación y el crecimiento espiritual. Ahora tienen un papel diferente que cumplir. Los maestros ascendidos se esforzarán por ayudar a toda la humanidad siempre que se enfrenten a bloqueos kármicos, o necesiten la sabiduría y el consejo de estos maestros supremos.

Maestros Ascendidos Populares que Puedes Invocar

1. **Amitabha:** El símbolo budista más completo del amor. Vive en el paraíso, pero nunca está demasiado ocupado para llevar su esencia amorosa a tu mundo espiritual.

2. **Jesucristo:** Hijo de Dios, Jesús es la encarnación de la sabiduría y el amor incondicional. Su paso por la Tierra le aportó una comprensión más profunda de la psique humana y de la forma de actuar de hombres y mujeres. Pídele energías de devoción y perdón cuando lo necesites.

3. **Krishna:** Esta deidad hindú es el dios de la compasión y la ternura. Acudirá en tu ayuda cuando tu espíritu esté maltrecho y roto para proporcionarte un bálsamo psíquico. Su nombre se asocia con el color azul, y la aparición de este tono señalará cuándo Krishna te visita o te envía un mensaje.

4. **Kuthumi:** Como uno de los maestros de la sabiduría antigua, supervisa el desarrollo de la humanidad. Acude a él para que te aconseje sobre cómo alcanzar metas espirituales más elevadas.

5. **San Francisco de Asís:** Si tienes una afinidad especial con los animales, encontrarás una conexión con este maestro ascendido. Es una fuerte representación espiritual del mundo natural y de la ayuda al medio

ambiente.

6. **Guías de curación:** Estos espíritus acudirán en tu ayuda cuando necesites curarte. Esto se aplica tanto a los traumas físicos como a los espirituales. Han sido sanadores de éxito durante su estancia en la Tierra y sus diferentes encarnaciones. Piense en ello como una llamada a una carrera particular; una vez sanador, siempre sanador. En el pasado, pueden haber sido sanadores chamánicos, maestros de reiki o profesionales de la sanación tradicional.

7. **Dragones: recurres** a esta fuerza suprema de la naturaleza cuando necesitas fuerza primordial. El dragón es el amo de la Tierra, el aire y el fuego, y pone en juego todos estos elementos. Acudirá en tu ayuda cuando necesites cambiar. Esto podría significar que necesitas su ayuda para deshacerte de elementos de tu vida, o podría ser algo tan simple como un cambio de carrera.

8. **Dioses y diosas:** Las deidades nunca están demasiado ocupadas o distantes para ayudar a los humanos. Elige la deidad con las fuerzas que necesitas y pide que su espíritu entre en tu vida.

Algunos de los Guías Espirituales más Poderosos que son Deidades

1) Thor: el dios del trueno por excelencia, Thor es un espíritu justiciero que cabalga las tormentas en un carro tirado por cabras. Si quieres sentir su poder, sitúate bajo un roble durante una tormenta de verano y mira al cielo. Verás a Thor y su poderoso martillo infundiendo miedo en el corazón de sus enemigos. Pídele fuerza y poder cuando los tiempos sean difíciles.

2) Sol: La diosa nórdica del sol es un espíritu que trae luz a tu vida. Su leyenda cuenta que cabalga en un carro dorado por el cielo perseguida por lobos. Su fuerza y su luz repararán hasta el alma más herida.

3) Brigid: Esta diosa celta tiene tres representaciones que apelan a las energías femeninas. Es Madre, Doncella y Vieja, por lo que mujeres de todas las edades la encontrarán a su disposición. Tiene una naturaleza ardiente y te proporcionará inspiración y esperanza.

4) Ostara: Diosa de la primavera y de los nuevos comienzos. Cuando estés listo para comenzar tu siguiente etapa de desarrollo espiritual, ella te guiará y te dará protección. También es la diosa de la fertilidad, así que pídele ayuda cuando necesites abundancia en tu vida.

5) Bran el bendito: El paganismo inglés y galés cuenta la historia de Bran y su poderosa fuerza. Bran encarna el espíritu de la fuerza y la falta de miedo. También fue un escriba histórico que registró los acontecimientos de su época. Está representado por el cuervo y aparecerá en esta forma si necesitas su ayuda para llevar la diplomacia a las discusiones.

6) Hermes Trismegisto: Este espíritu es uno de los más poderosos disponibles para traer el conocimiento a su mundo. Se originó en Grecia, y sus seguidores creyeron en sus doctrinas; lo convirtieron en un Dios. Luego viajó a Egipto para enseñar allí sus principios, y también lo convirtieron en un Dios. A su regreso a Grecia, fue declarado tres veces Dios. Invócale para descubrir formas de interconectar con tus semejantes en todos los planos. Él te guiará hacia una vida más plena y hacia una mayor conexión con tus semejantes.

7) Freya: También conocida como Frigg o Freyja, esta diosa nórdica traerá amor, belleza y fertilidad a tu vida. Es la guardiana de las almas de los guerreros que entran en el Valhalla por última vez. Se dice que una vez que Freya reclama el alma de un guerrero, su tiempo en la Tierra ha terminado. Está destinado a residir en los salones de los dioses y disfrutar del paraíso eterno. Freya acudirá en tu ayuda si estás dispuesto a abrazar una vida diferente y sentir la paz.

8) Tyr: El dios de la guerra está dispuesto a ayudar cuando todo lo demás falla. Si has intentado resolver las disputas con diplomacia y tacto y eso no ha funcionado, invoca a Tyr para que te dé su fuerza. Es un espíritu que te ayudará a defender lo que es justo y a derrotar a quienes intenten detenerte. Sacrificó su brazo derecho al lobo Fenrir en señal de buena fe para detener la tiranía en su vida física. Piensa en Tyr como tu jurista espiritual divino. Luchará por la justicia y será tu defensor y guerrero.

9) Atenea: La diosa griega de la sabiduría está disponible cuando necesites protección y consejo. Es la personificación de la urbanización y las civilizaciones, así que pondrá orden cuando sea necesario.

10) El Hombre Verde: Figura legendaria de las religiones celtas, suele representarse en estatuas como símbolo del renacimiento y la primavera. Sus adoradores creen que es la imagen que representa la naturaleza y que puede ayudarte a reconectar con tus raíces.

CAPÍTULO 2: CÓMO CONECTAR CON EL MUNDO ESPIRITUAL

¿Crees que todos somos psíquicos y capaces de conexiones de alto nivel? Si no lo crees, eso puede ser un obstáculo para que te acerques a tus guías psíquicos. Considera el siguiente hecho: todos tenemos la habilidad de tocar la guitarra si se nos enseña, ¡pero muy pocos de nosotros llegaremos a ser tan buenos como Jimmy Hendrix! Es un hecho. Pero todos podemos aprender y practicar para mejorar. Lo mismo ocurre con las habilidades psíquicas. El mayor reto al que te enfrentas es superar la creencia de que no eres psíquico.

Así que ahora que el primer paso está fuera del camino, es hora de empezar a crecer espiritualmente y explorar los regalos que tus guías están esperando para enviarte.

Paso 1: Establezca sus intenciones

Te encontrarás con este paso varias veces en tu viaje, y eso es porque es el núcleo de las interacciones exitosas entre tú y tus guías. No pueden ayudarte si no saben lo que quieres. Aunque tus espíritus guardianes tienen acceso a tus pensamientos, también respetan tu privacidad. Debes preguntar antes de recibir.

Tu plan divino puede ser tan sencillo o complicado como quieras. Escribe una lista de lo que esperas de tus guías. ¿Necesitas protección u orientación para enfrentarte a fuerzas negativas? ¿Te falta confianza para emprender nuevos proyectos o cambiar de profesión? Exponga sus sueños, deseos y pensamientos más descabellados junto con sus necesidades y esperanzas más prácticas. Los espíritus no juzgan y lo han visto todo antes; reconocerán tu voluntad de conectar en cuanto empieces a pedirles ayuda.

Paso 2: Deja ir tu mente práctica

¿Sabías que el lado izquierdo de tu cerebro está dedicado a la actividad práctica, lógica y analítica? Cuando quieras ser más abierto de mente, te ayudará despedirte del lado izquierdo de tu cerebro. No olvides decirle que no lo abandonas y que volveréis a reuniros pronto. Este tipo de conversación es uno de los primeros pasos para cambiar tu forma de pensar. A los menos abiertos de mente no se les ocurriría mantener una conversación con su cerebro.

Paso 3: Meditar

Ralentizar tus vibraciones y abrir tus canales físicos puede lograrse con sencillas técnicas de meditación. Cuando los espíritus se conectan, necesitas estar en el mejor lugar para escuchar. Las primeras comunicaciones pueden ser débiles y difíciles de entender, por lo que necesitas centrarte y concentrarte.

He aquí algunas formas sencillas de aquietar la mente, cultivar la paz interior y aumentar los niveles de energía:

Meditación de atención focalizada

Elige un objeto fijo y concentra en él todos tus sentidos. ¿Qué aspecto tiene, hace ruido y tiene algún olor asociado? Toca el objeto mientras cierras los ojos para sentir sus contornos y líneas. Bloquea todas las demás interrupciones sensuales y conviértete en uno con el objeto elegido. Mantén esta sensación durante dos minutos y tu mente se convertirá en un lienzo en blanco que los espíritus podrán utilizar.

Meditación de respiración consciente

Se trata de una técnica que necesita un momento y un lugar concretos para tener éxito. Elige un lugar tranquilo, sin distracciones, y ponte cómodo. Siéntate recto con la columna alineada sin estar rígido. Respira hondo por la nariz y mantén la respiración mientras relajas los hombros y los brazos.

Ahora toma conciencia del momento. Estás en un lugar tranquilo, con una postura relajada, y el momento te pertenece. Nadie más es importante y nadie más te interrumpirá. Tu mente está despejada y tus sentidos están en sintonía con tu entorno.

Ahora exhale por la boca. Cuando sueltes el aire, imagina que se lleva consigo toda la negatividad. Cualquier culpa o remordimiento que hayas sentido, déjalo ir. El resentimiento y la ira se alejarán de ti con un soplo de aliento.

Ahora repite el proceso y, cuando inspires, imagina que tu cuerpo se llena de amor y aceptación. Estás en el lugar perfecto para recibir los mensajes que los espíritus van a enviarte sobre cómo cumplir tus intenciones y mejorar tu vida.

Meditación del amor amable

Esta técnica también se conoce como Metta y fue enseñada por Buda hace más de 2600 años. Los mantras se utilizan para atraer el amor y la felicidad hacia uno mismo y hacia los demás. Hacer este tipo de meditación es perfecto para principiantes que quieren prepararse para una experiencia más espiritual.

Elige un lugar tranquilo, silencioso y cómodo. Siéntate quieto con la columna alineada y los brazos en reposo. Respira hondo e imagina a la persona a la que envías amor.

Destinatarios sugeridos para los mantras Metta

- Tú mismo

- Cualquiera que te haya mostrado amabilidad o amor

- Tus amigos

- Miembros de la familia

- Personas al azar que conoces y por las que no sientes ninguna emoción personal

- Alguien con quien has discutido o que te desagrada activamente

- Todos los seres vivos

Mantras sugeridos

- Que se llenen de amor y energía

- Que siempre estén sanos y aprendan a curarse

- Llévales paz y serenidad

- Que estén libres de dolor emocional y físico

- Que estén libres de sufrimiento y angustia

Mientras imaginas al destinatario de tu amor, entona tus mantras e imagina que tu corazón se abre. Imagina que el amor y la positividad fluyen desde tu pecho hacia la persona en la que te concentras. Imagina que la positividad crece a medida que trasciende a cada ser y se convierte en una bola de luz que acabará abarcando el mundo entero.

Paso 4: Crear una sala de medios espiritual

Ahora que tu mente está preparada y lista para comunicarse, necesitas crear un medio para los mensajes de tus guías. Este es tu receptáculo de visión y crear una sala de cine en tu mente es la forma óptima de alentar todo tipo de mensajes. Imagina una enorme pantalla de cine en tu mente e imagina una cuerda que la conecta con el centro del universo. Este es tu cordón de conexión a tierra y te da una sensación de conexión con la Tierra.

Ahora dale a tu pantalla unos altavoces con cable para sonido. Conéctalos y sube el volumen preparado para los mensajes de audio de los guías. Una vez sentado frente a tu pantalla, haz tus preguntas y espera las respuestas. Nunca exijas; sólo pregunta.

Deja que tus respuestas surjan de forma natural y luego interprétalas. ¿La pantalla está llena de luz? ¿Oyes algo? Recuerde que los símbolos y mensajes que recibirá proceden de un lugar de verdad. Los espíritus nunca tratarán de engañarte, porque sólo tienen las mejores intenciones para ti.

Paso 5: Escritura libre

Esta técnica la utilizan a menudo los escritores que se bloquean, y también es estupenda para eliminar bloqueos espirituales. Coge papel y bolígrafo y empieza a escribir frases específicas agradeciendo a tus guías su ayuda.

"Gracias, mi equipo espiritual, por todo lo que hacéis por mí y por la guía que me mostráis en la vida. Reconozco vuestra compasión y amor espirituales, y os invito a uniros a mí en este diario. Os doy la bienvenida para que escribáis conmigo y compartáis vuestras energías guiando mi mano y creando correspondencia."

Sólo tienes que rifar con tu bolígrafo y crear lo que tu espíritu o tu energía te digan. Explora temas y experiencias con palabras, imágenes o símbolos aleatorios. No edites tu trabajo; sigue adelante. Asegúrate de que tienes papel de sobra para aprovechar al máximo tus conexiones espirituales. Diviértete y da rienda suelta a tu niño interior. Déjate llevar por la corriente y no te lo pienses dos veces.

Conectar con los espíritus a través de los sueños

Aunque éstas son algunas de las formas más populares de conectar con tus guías, la técnica más eficaz es, con diferencia, a través de tus sueños. Considera los hechos. Es muy raro que tu mente se dedique por completo a una sola actividad durante el día. Asuntos familiares, laborales y emocionales competirán por tu atención, por lo que despejar tu mente puede ser complicado.

Sin embargo, cuando duermes, tu mente se vuelve más relajada y receptiva. Cuando entras en el mundo del sueño, los espíritus reconocen que eres más receptivo a sus mensajes. Te enviarán indicaciones vívidas dentro de tu sueño y señales que te hablarán. Las distintas imágenes y sensaciones significarán cosas diferentes para cada persona, pero algunas imágenes recurrentes tienen interpretaciones espirituales comunes.

Los significados básicos que se indican a continuación le ayudarán a comprender lo que le dicen los espíritus, y después podrá aplicarlos a sus circunstancias y necesidades particulares:

- **Volar:** Con diferencia, el tipo de sueño más común. Cuando sueñas que surcas los cielos sin estar a bordo de un avión, indica positividad. Los guías te felicitan por tu creatividad y madurez espiritual. Los sueños de este tipo son una palmadita espiritual en la espalda e indican que estás en el buen camino.

- **Playas:** ¿Alguna vez has soñado que estás en una playa de arena con las olas golpeándote los pies? Esta es una señal positiva de que estás conectado con tu equipo espiritual, ya que es una representación del lugar entre el cielo y la Tierra. Las playas que parecen demasiado idílicas para ser reales son una señal de que te escuchan y te están enviando otras señales para ayudarte a navegar por tu vida.

- **Clases o exámenes:** Cuando sueñas con hacer un examen o asistir a clases, los espíritus te están diciendo que ahora es el momento de ampliar tus conocimientos. Esto significa que debes tomar clases que te ayuden a progresar en el trabajo y en tu vida personal. Este tipo de sueño significa que estás listo para pasar a un nivel superior de madurez espiritual. Anote en qué curso se encuentra durante su sueño, ya que esto le dará una indicación de dónde se encuentra actualmente.

- **Dientes que se caen o se aflojan:** En la vida natural, los dientes mastican la comida y facilitan la digestión. En términos espirituales, los problemas con los dientes indican problemas para digerir la información. Los espíritus te están diciendo que busques dirección o consejo en tu mundo físico.

- **Estar embarazada o dar a luz:** Tanto hombres como mujeres pueden tener estos sueños. Son el símbolo del renacimiento y de la superación del pasado. Puede tratarse de un nuevo trabajo, una relación incipiente o una señal de inventiva. Dar a luz es uno de los mensajes más simbólicos que recibirás.

- **Viajes en coche:** Lo primero que hay que tener en cuenta es dónde estás sentado durante el viaje. ¿Es usted el conductor o el pasajero? Conducir es símbolo de liderazgo y autoridad, y señala que estás firmemente al mando. Tienes tu destino claramente definido y el viaje está en marcha. Los pasajeros son más indicativos de que te gusta que otros te guíen. Si te sientes incómodo en el asiento del copiloto, es señal de que necesitas ser más asertivo y tomar la iniciativa.

- **Caerse:** Cuando sueña que se cae sin apoyo, es una señal para que se controle. Estás fuera de control y necesitas un poco de paz en tu vida. Este tipo de sueño suele repetirse noche tras noche hasta que recuperas la paz que necesitas.

- **Parálisis:** Cuando sueñas que estás atascado en un lugar y no puedes avanzar, es señal de que fuerzas oscuras te están afectando. Si no puedes gritar o hablar y el mundo pasa de ti, es señal de que estás atascado en la rutina. Necesitas seguir adelante y cumplir tus sueños más salvajes. La resistencia no siempre es algo malo; es sólo otro obstáculo para que te esfuerces más.

- **El tiempo:** Los diferentes patrones meteorológicos son una clara señal de los espíritus. Soñar con lluvia y tormentas significa que está a punto de recibir un aluvión de mensajes de sus guías. Sienten que estás preparado para ellos y abierto a sus comunicaciones. El buen tiempo, como el sol, el cielo luminoso y la brisa suave, significa que ya están contigo.

- **Estar desnudo en público:** Soñar con su desnudez en público es relativamente frecuente. Cuando se producen estos sueños, los espíritus te están diciendo que tus defectos amenazan con apoderarse de tu vida. No eres realista con tus relaciones, y es hora de examinar tu auténtico yo y liberar un lado más genuino de tu personalidad.

- **Ser perseguido:** Cuando te persiguen, es importante fijarse en quién lo hace. Si la figura no está identificada, indica la presencia de un trauma pasado y una experiencia de la infancia. Los espíritus te están diciendo que busques ayuda para superar estas influencias y seguir adelante. Si la figura que te persigue es del sexo opuesto, indica que estás siendo retenido por una relación anterior o por tu reticencia a dejar que otros entren en tu vida. Ser perseguido por un animal indica que desconfías demasiado de tus emociones. Es hora de abrazar sus pasiones y sus miedos.

- **Sueños sobre la muerte:** Este tipo de sueños pueden ser increíblemente desconcertantes porque rara vez pensamos en nuestra propia mortalidad y muerte. Si sueñas con la muerte de un ser querido que ha fallecido, se trata de una comunicación directa de su espíritu para decirte que está feliz y en paz en el mundo de los espíritus. Si la muerte es menos específica, significa que tienes miedo al cambio.

Algunos estudios han demostrado que los sueños vívidos con detalles y significados significativos ocurrirán cuando las personas estén llegando al final de sus vidas. Los espíritus utilizarán los sueños para reconfortarles y prepararles para su viaje. Los sueños pueden ser una señal de cambio y deben estudiarse con el mayor detalle posible.

Un diario de sueños te ayudará a analizar estas señales y mensajes del mundo espiritual. Cuando te despiertes, anota los detalles de tus sueños con el mayor detalle posible.

- ¿Quién estaba en tus sueños y qué hacía?

- ¿En qué época del año y qué tiempo hacía?

- ¿Cómo le hizo sentir su sueño?

- ¿Qué edad tenías en el sueño?

- ¿Hubo algún sonido que acompañara su experiencia visual?

- ¿Sentías que estaba ocurriendo de verdad o sabías que era un sueño?

Cuantos más detalles tengas, más relevantes serán tus mensajes. No olvides que mejorarás con la práctica, y que tus sueños serán más claros a medida que mejores en su interpretación. Si lo deseas, puedes consultar a un experto en sueños y aprender los significados que asigna a tus mensajes nocturnos para ampliar tu espectro de conocimientos.

CAPÍTULO 3: CÓMO MANTENERSE A SALVO DURANTE LAS COMUNICACIONES ESPIRITUALES

Los medios de comunicación populares y otras formas de entretenimiento llevan décadas ocupándose de lo paranormal y de llegar al otro lado. Sin embargo, el concepto de comunicación con el plano astral se remonta más allá de la invención del cine y la televisión. La gente lleva siglos intentando contactar con "el otro lado" y, como tal, ha desarrollado algunas formas eficaces de protegerse contra las energías negativas.

Cuando pienses en protegerte antes de salir, es importante que sepas de qué te estás protegiendo. ¿Hay espíritus malignos ahí fuera? Por supuesto que los hay. Después de todo, el mundo de los espíritus no juzga quién entra en sus reinos. Incluso los espíritus con menor energía y un despertar espiritual menos desarrollado desempeñan un papel. Son necesarios para convertirse en guías de aquellos que los necesitan porque están siguiendo el mismo camino que los espíritus recorrieron en vida.

Las personas que no están preparadas para abandonar sus estilos de vida más saludables siguen necesitando orientación espiritual, y los espíritus con menos energía desempeñarán esas funciones. Sin embargo, como alma más iluminada, no quieres que traigan sus vibraciones negativas a tu mundo, así que necesitas protección.

Las mejores técnicas para protegerse de las energías negativas

Debes prepararte antes de empezar a atraer a tus guías espirituales. La experiencia puede ser abrumadora si no estás totalmente preparado. La conexión a tierra, el centrado y el escudo son tres de las formas más exitosas de asegurarse de que sólo recibe amor y fuerza de su grupo espiritual.

Centrado

Las distintas creencias y tradiciones espirituales tienen definiciones diferentes sobre el centramiento, así que debes encontrar la mejor técnica para ti. Los fundamentos son muy parecidos en todas las enseñanzas, así que utilízalos para crear tu propio ritual que cubra las áreas que necesites.

Paso 1) Crea un espacio tranquilo. En casa, apaga todos los aparatos eléctricos y cierra las puertas. Si estás al aire libre, asegúrate de que las únicas interrupciones sean las de la brisa y el balanceo de los árboles.

Paso 2) Elija una postura cómoda. Puedes tumbarte, pero algunas personas se duermen en posición supina.

Paso 3) Respira hondo y relájate. Concéntrate en tu respiración y utiliza un canto para regularla.

Paso 4) Visualiza la energía. Una vez regulada la respiración, es hora de crear un campo de energía. Frota las palmas de las manos como si quisieras calentártelas y luego sepáralas ligeramente. Sentirás un hormigueo que crepita entre las palmas.

Paso 5) Ahora es el momento de expandir tus pensamientos. Imagina ese campo de energía viajando alrededor de todo tu cuerpo. Siéntelo expandirse y contraerse mientras gira a tu alrededor. Ahora imagina que es una bola de energía que puede viajar entre tus manos y lanzarla de una mano a la otra.

Una vez que domines esta técnica, podrás utilizarla estés donde estés. ¿Estás atrapado en el autobús o en una reunión aburrida? Utilízala para centrarte y revitalizarte.

Conexión a tierra

Cuando contactas con espíritus, te encuentras con niveles de energía que raramente encuentras en el plano terrenal. Mantenerse preparado para estos encuentros es sencillo, pero esencial. El enraizamiento es un proceso en el que aprendes a liberar tu cuerpo del exceso de energía de forma segura y controlada. El centrado consiste en crear energía, mientras que el enraizamiento consiste en disiparla.

Necesitas dominar cómo deshacerte de la energía no deseada sin proyectarla en los demás. Después de un ritual o conexión espiritual, a menudo te sentirás nervioso y desubicado con el mundo físico. Esto se debe a que has potenciado tus energías y están interfiriendo con tus sentidos.

La conexión a tierra es bastante sencilla y sólo requiere unas pocas sesiones de práctica. Cierra los ojos y concéntrate en la energía acumulada en el plexo solar. Imagínatela como una bola de fuego y luz, y empújala hacia tus manos. Ahora imagina que agitas las manos y que la energía abandona tu cuerpo y sale disparada hacia el suelo. Debes elegir un objeto o recipiente para contener tu energía y mantenerla a salvo. Prueba con un cubo de arena enfadada para colocarlo delante de tu puerta cuando sientas la necesidad de desprenderte de tu exceso de energía, proyéctala en tu cubo y mantenla alejada de tu casa.

Otro método consiste en empujar la energía hacia abajo a través de las piernas y hacia los pies. Imagina un tapón extraíble en la planta de los pies del que puedes tirar para que la energía se vaya. Se drenará hacia el suelo, donde será absorbida por la naturaleza. A algunas personas les ayuda saltar para deshacerse del último resto de energía residual.

Ambas técnicas de enraizamiento se beneficiarán de una aclamación oral. Gritar algo como "Fuera energías molestas" ayudará a terminar el ejercicio con vigor. Por supuesto, puedes crear tu propio grito para liberar esas energías reprimidas.

Blindaje espiritual

Escudo es un término popular utilizado para cubrir las formas de protección en el mundo metafísico, e incluye muchos métodos diferentes. Deberías emplear tantas técnicas de blindaje como quieras. Tu protección es primordial, y la necesidad de mantener alejada la energía negativa es esencial.

- Crear un campo de energía

Cuando expulsas energía durante una sesión de grounding, puedes utilizarla de forma diferente. En lugar de desecharla, utiliza las fuerzas sobrantes para crear un poderoso escudo que te proteja de los espíritus malignos. Cuando la energía salga por la punta de tus dedos, imagina que fluye sobre tu cuerpo físico y forma una burbuja de protección. Cuando mires el exterior de tu burbuja, notarás que es reflectante e impermeable. Este escudo será tu lugar seguro definitivo donde sólo se permitirán espíritus de alto nivel.

- Cristales

Los cristales protectores son una forma estupenda de emplear un sistema de protección portátil. Los cristales negros son impresionantes cuando se utilizan para formar un escudo, pero muchos otros tienen propiedades asombrosas de protección. Las esmeraldas, el lapislázuli, el cuarzo transparente y los cristales de ojo de tigre son fáciles de conseguir y son formas potentes de desviar energías no deseadas.

- Invocar a los espíritus protectores

Jesús y sus arcángeles están ahí para ti. Esto no tiene nada que ver con tu religión o creencias. Hablaremos de los arcángeles en un capítulo posterior, pero Jesús siempre te enviará la luz de protección cuando la necesites. Recuerda, solo tienes que pedirlo.

- Joyas de espejo

Del mismo modo que ves las cualidades protectoras de la superficie reflectante que cubre tu campo energético, puedes utilizar espejos para desviar la negatividad. Coloca pequeños espejos de mano a tu alrededor para proporcionar una superficie refractiva. Colócate un colgante de espejo alrededor del cuello para obtener capas adicionales de fuerza.

- Cortar el cordón

A pesar de las capas de protección con las que te rodeas, existe una remota posibilidad de que penetren en tu espacio personal. Necesitas saber cómo deshacerte de cualquier energía con la que no te sientas cómodo. Esto no sólo se aplica a tus conexiones espirituales; a veces, las relaciones físicas negativas interferirán en tus intentos de crecer espiritualmente.

Cómo realizar un ritual de corte de cordón para eliminar la negatividad de las relaciones físicas:

Decida quién debe ser eliminado de su campo áurico. Puede tratarse de personas de su pasado que aún interfieren con sus pensamientos y le causan angustia. También son personas que están en su entorno actual y necesitan ser eliminadas. Haga una lista de cualquiera que pueda considerarse una fuerza negativa. Incluye a parejas anteriores que te hayan causado angustia o te hayan engañado. Incluye a cualquiera que haya abusado de ti o te haya acosado en tus años de formación o a personas de tu lugar de trabajo que no te traten con respeto.

Ahora, invoca a los espíritus y a tu guía espiritual para que te ayuden a eliminar los cordones etéricos que te unen a estas personas. Nómbralas y declara tu intención de separar tus energías de las suyas. Declare lo siguiente con poder e intención o formule su propia versión para apelar a los espíritus:

"Obligo a mi amorosa familia espiritual y a todos los ángeles y guías acompañantes a acercarse y ayudarme a cortar las cuerdas etéricas que me atan a (inserte nombre/nombres.) Los perdono y los bendigo con la capacidad de vivir en paz, y los libero para que se alejen como yo también lo haré."

"Te pido que rompas todos los cordones energéticos y transmutes los escombros en un lugar cósmico o los devuelvas a la persona que los creó por primera vez. No guardo rencor a (nombre/nombres inscritos), y les deseo paz espiritual y desacoplamiento consciente".

Una vez finalizado el ritual, deberías pasar unos minutos sintiendo cómo los poderes empiezan a actuar. Algunas personas notarán un cambio inmediato en sus niveles de energía, mientras que otras tardarán más. Si realizas el ritual justo antes de irte a dormir, puedes experimentar sueños significativos y vívidos sobre las personas de las que has cortado el cordón. Esta será la última vez que esas energías formen parte de tu vida, así que recuerda dar las gracias a tus ángeles y espíritus por su intervención a la mañana siguiente.

Cómo limpiar tu espacio y hacerlo sagrado:

Todos necesitamos saber que hay un lugar en el que nos sentimos seguros y protegidos en última instancia. Puede ser una habitación, un lugar en el jardín o un simple mueble. Este refugio es donde puedes ir a hablar con tus espíritus y hacerles preguntas. Sabes que cuando tu espacio sagrado está en uso, estás enviando una señal al universo de que estás comprometido y listo para comunicarte.

Tu espacio sagrado debe ser un oasis en un mundo caótico. Asegúrate de llevar provisiones, como una manta por si tienes frío y bebidas por si tienes sed. Nunca se sabe cuánto tiempo vas a estar allí, ya que nuestra línea temporal no gobierna a los espíritus, ¡y puede que tengan mucho que decir!

Crea un espacio que contenga elementos de Tierra. Esto significa representar los elementos básicos de Aire, Fuego, Agua y Tierra. Sé imaginativo y decora tu espacio con objetos que sean estéticamente agradables y te aporten alegría.

El aire suele estar representado por plumas, campanas de viento o un abanico. Coloca tus objetos en Oriente y utiliza el triángulo invertido con una línea horizontal que lo atraviese para reforzar aún más la conexión.

Las velas y otras formas de luz representan el fuego. También puedes utilizar luces solares para la seguridad o incienso para crear una conexión con este elemento concreto. Un triángulo vertical es un símbolo representativo del fuego. Coloca tus símbolos en la parte sur de tu espacio.

El agua es el elemento con el que puedes divertirte de verdad. Las conchas marinas, el agua de mar o un cuenco de agua bendita y sagrada representarán el aspecto que el agua aporta a la vida. Coloca tus objetos en la parte occidental de tu espacio.

La Tierra es el elemento que nos sostiene y crea una roca para nosotros. Represéntalo utilizando plantas o piedras para decorar y proteger tu espacio. Coloca tus objetos en la parte norte de tu espacio.

Haz una limpieza espiritual emborronando tu espacio. Las hierbas secas, la salvia y el romero son perfectas para quemarlas y echar humo purificador en tu espacio.

La clave para crear tu espacio sagrado es evitar complicar las cosas en exceso. Hazlo sencillo y adaptado a tus necesidades. Tu espacio sagrado es tuyo. No dejes que otros lo contaminen con sus energías y negatividad.

CAPÍTULO 4: ¿POR QUÉ NECESITAMOS GUÍAS ESPIRITUALES?

Piensa en tu vida: desde el nacimiento hasta la edad adulta, pasando por la infancia, nadie tiene un camino despejado y sin obstáculos. Todo el mundo debe tomar decisiones y enfrentarse a experiencias traumáticas. Sin duda, las personas que nos rodean estarán a nuestro lado, pero se necesita una fuerza superior que nos ayude y nos apoye. Algunas personas creen que se han reencarnado varias veces, y esto les ayuda a crecer espiritualmente, mientras que otras creen que sólo estamos aquí una vez, y hay que aprovechar al máximo el tiempo en la Tierra.

Sean cuales sean tus creencias, vas a recibir ayuda del mundo espiritual, lo quieras o no. Esta ayuda sólo será más poderosa cuando la alimentes con tus intenciones y te esfuerces por contactar con quienes forman tu grupo espiritual. Saber cuándo hacerlo puede ser controvertido, y algunas personas intentarán establecer contacto por todas las razones equivocadas.

Hay varias razones por las que puedes sentirte impulsado a contactar con el mundo espiritual. Puede hacerlo a través de un médium o iniciando el contacto por sí mismo. Sea cual sea el método que elijas, si lo haces por la razón correcta, el resultado será gratificante y exitoso.

Las razones correctas para conectar con el mundo espiritual

- Ha perdido a un ser querido y siente que necesita conectar con él. Tal vez tenga asuntos pendientes que necesita resolver, o ellos expresaron su deseo de conectar con usted después de la muerte. Aunque ésta es probablemente la razón más común para contactar con los espíritus, eso no significa que sea siempre una buena idea. No intente ajustar cuentas con personas que han fallecido. Sólo inicie conexiones si está comprometido con experiencias positivas. El mundo de los espíritus no es lugar para llevar rencores y discusiones que no se pueden resolver.

- Siempre has sentido que tienes conexiones con el reino espiritual. Las personas que nacen con tendencias mediúmnicas sabrán desde una edad temprana que tienen un don. Sus sueños estarán llenos de mensajes claros del reino astral, y también tendrán encuentros con espíritus durante sus horas de vigilia. Vislumbrar a alguien que ha fallecido es una clara señal de que tienes la habilidad de tender puentes entre el mundo de los vivos y el reino de los espíritus.

- Si ha visto cosas fuera de lo común, puede ser una señal de que el mundo espiritual busca conectar con usted. Plumas que aparecen de la nada o mariposas en pleno invierno son sólo un par de ejemplos de comunicaciones espirituales. En tu corazón, sabrás cuándo es el momento adecuado; al fin y al cabo, los espíritus tienen cierto control sobre lo que tu instinto te dice que es correcto.

- La sociedad moderna y el mundo en el que vives se están volviendo agitados y abrumadores. Buscar una vida más pacífica es una razón válida para conectar con tu grupo espiritual. Deberías crear un espacio sagrado al que retirarte, donde puedas olvidarte del entorno acelerado en el que vives y visitar un lugar lleno de armonía, paz y amor. Algunas personas se retiran a la naturaleza cuando todo se vuelve demasiado difícil de manejar; tú te retirarás a la naturaleza última dentro del reino astral.

Las razones equivocadas para buscar la conexión con el mundo espiritual

Siempre que hay buenas razones para hacer algo, también tiene que haber malas. Conectarse con los espíritus no es diferente. Los medios de comunicación populares llevan décadas obsesionados con médiums, exorcistas, espíritus malignos y demás. Llenan la cabeza del público con información errónea, y sus imágenes pueden incitar a la gente a adentrarse en lo sobrenatural por razones equivocadas.

Comunicarse con la otra parte es una opción al alcance de todos, pero no hay que cruzar ciertos límites. Es un tema serio y no debe abordarse a la ligera o por capricho. Cada conexión es un vínculo sagrado y poderoso que debe respetarse. Los espíritus no están ahí para ser un juguete para los humanos; están ahí con un propósito más elevado.

- No estás preparado. Nadie se levanta una mañana y decide espontáneamente que es espiritual y que quiere conectar con una fuerza superior. Hay una acumulación antes de cualquier ejemplo de la verdadera intención, y esto lleva tiempo. Nunca debes iniciar comunicaciones sin la preparación adecuada y una fuerte forma de protección.

- Se utiliza como parte del entretenimiento en una reunión social. ¿Cuántas historias has oído sobre el uso de la ouija en fiestas de pijamas? ¿Alguna vez ha ido bien? No, y nunca saldrá bien. Celebrar una sesión de espiritismo en una fiesta social tampoco es una buena idea. La comunicación espiritual se basa en las energías, así que imagina qué vorágine de energías se puede encontrar en una reunión social donde la gente bebe, socializa con extraños o busca ser asustada por espíritus malignos. No tienes control sobre las intenciones o emociones de los demás, así que podrías estar poniéndote en peligro.

- Te han retado a participar. Cuando alguien te presiona, es fácil tomar malas decisiones, lo que a veces está bien, pero no en esta situación. No dejes que tu ego te domine; aléjate si no te sientes cómodo y nunca te sientas presionado a participar. Deja a los demás o quédate y habla con ellos; tú decides. Sea cual sea tu decisión, solo eres responsable de tu seguridad personal, y esa debe ser tu prioridad.

- Queda muy bien en la televisión y en las películas. Si ésta es tu razón principal para contactar con el mundo de los espíritus, probablemente no funcione. Vuelve a ver películas y programas sobre espíritus y déjalo así. Si realmente te ha inspirado algo en la pantalla, entonces investigarás y te tomarás el tema en serio.

Ahora que ya hemos establecido los motivos por los que decides conectarte o no, es el momento de ver lo que debes y no debes hacer. Si estás en el estado de ánimo adecuado y preparado mental y físicamente para la conexión, sigue esta lista de lo que debes hacer antes de empezar:

- Protégete a ti mismo. Una forma básica de protección es invitar a tu equipo espiritual a unirse a ti. Puede que aún no los conozcas, pero están ahí.

- Vístase adecuadamente. Mantén la ropa ligera y fresca para que no te distraiga. Necesitas estar concentrado en tu estado mental, y juguetear con tirantes o mangas sólo desviará tus pensamientos y disminuirá tu intención. Un par de pantalones cómodos para el tiempo libre rematados con una camiseta de algodón es perfecto.

- Prepárate de antemano para el encuentro. Escribe una carta a tu guía espiritual. Explícale lo que esperas conseguir y las ganas que tienes de encontrarte con él. Utilizando este método de comunicación puedes ser más preciso sobre lo que esperas del encuentro.

- Pregunta cómo se llama el espíritu. Cuando te comunicas con ellos, es una conversación bidireccional. La gente suele cometer el error de creer que los espíritus están ahí para decirles qué hacer, cómo hacerlo y por qué. Debes esperar una conversación completa y franca, igual que harías en tus relaciones físicas. El hecho de que sean espíritus no significa que sean superiores a ti. Trátalos como a tus contemporáneos y hazles llegar tus ideas.

- Utiliza las herramientas adecuadas para reforzar tus conexiones. Herramientas como las cartas del tarot, los péndulos y los instrumentos de escritura automática no funcionan para todo el mundo, pero nunca lo sabrás si no lo intentas. Las herramientas te ayudan a centrar tus intenciones.

Y ahora, ¡lo que no hay que hacer! Debes tener en cuenta estos puntos porque hay espíritus de bajo nivel con los que no quieres encontrarte, así que tus intenciones deben ser correctas y puras:

- No utilices herramientas que te atraigan sólo porque las hayas visto en la televisión o en películas. La ouija o los tableros de espíritus no son ideales para principiantes, ya que su uso puede resultar peligroso. Utilizar herramientas sanas más tradicionales te mantendrá a salvo, mientras que una tabla ouija podría permitir que la negatividad y las malas energías infecten tu espacio.

- No esperes nada del otro mundo de tu encuentro. Puede que tengas suerte y veas a tu guía espiritual de forma física, o puede que sólo recibas una esencia de tu espíritu. Puede ser un olor sutil o una sensación que indique que está contigo. Como con todas las cosas que merece la pena hacer, mejorarás con la práctica. No te desilusiones ni te desanimes si tu espíritu no es tan accesible como te gustaría. Recuerda que necesitan utilizar sus energías para comunicarse y que debes ser paciente con el proceso.

- No sigas adelante con un encuentro espiritual si sientes que algo no va bien. Escucha a tu intuición y prepárate para retirarte. No hay límite en el número de veces que puedes alcanzar el plano astral, así que no hay nada malo en retirarse si te sientes abrumado.

- No fuerces las cosas. Se trata de una forma de comunicación fluida, y debes estar preparado para dejarte llevar por la corriente. Puede que tengas ciertas intenciones y, sin embargo, los mensajes que recibas estén dedicados a otras áreas de tu vida. No pienses que los guías están ignorando deliberadamente tus preocupaciones iniciales; probablemente reconocen que otras áreas de tu vida requieren una atención más inmediata antes de que puedas seguir adelante.

- No vengas con ideas preconcebidas. Si comienzas tu viaje espiritual con una idea predeterminada de lo que va a ocurrir y de cómo va a mejorar tu vida de la noche a la mañana, puedes llevarte una decepción. Los espíritus te cubren las espaldas, pero no son el camino hacia la riqueza material o el éxito, a menos que te lo merezcas. Pedirle a un espíritu que te diga los números de la lotería de la semana que viene sólo demuestra falta de respeto y burla hacia su mundo.

- No te enfrentes a tus guías espirituales. Puede parecer guay en la televisión y entretenido de ver, pero en realidad, sólo está buscando problemas. Sí, puedes hacer preguntas, pero ridiculizar o burlarse de un espíritu nunca acabará bien. De nuevo, necesitas tratar a tu equipo con amor y respeto.

Ahora que comprende mejor lo que puede esperar de los encuentros espirituales, está en el estado de ánimo perfecto para decidir qué hacer a continuación. ¿Debería empezar a comulgar con los espíritus usted mismo, o debería consultar primero a los profesionales?

Si decide recurrir a un médium, asegúrese de que tenga buena reputación y referencias comprobables. ¿Quiere mensajes sobre su futuro y la dirección que debe elegir? Entonces debería elegir un vidente en lugar de un médium.

También hay que tener en cuenta el precio. La mayoría de los médiums están más interesados en sus temas que en los aspectos financieros, pero necesitan ganarse la vida. Elige un médium que ofrezca una tarifa por hora justa basada en su experiencia. Entre 50 y 60 dólares por hora es lo correcto para médiums experimentados con un buen historial.

CAPÍTULO 5: SEÑALES ESPIRITUALES Y CÓMO INTERPRETARLAS

¿Alguna vez has notado que en tu vida aparecen cosas al azar que te hacen sentir bien? No puedes precisar por qué te sientes mejor; simplemente lo haces. Lo más probable es que tus guías espirituales se estén comunicando contigo porque sienten que los necesitas.

He aquí algunas de las formas más comunes en que los espíritus se comunican con nosotros y lo que dicen:

Plumas

¿Se ha preguntado alguna vez por qué los nativos llevan plumas de colores brillantes como parte de su atuendo tradicional? ¿Por qué pintan imágenes de plumas en sus paredes y las incorporan a sus rituales autóctonos? Muchas culturas creen que las plumas son un medio importante para que los espíritus se comuniquen con nosotros y que parecen llevar un mensaje importante del universo.

Encontrar una pluma es un momento mágico, y representan la libertad y la capacidad de elevarse por encima del mundo físico. Cuando recibes una pluma como señal, puede significar muchas cosas diferentes. ¿Pediste ayuda inconscientemente o la pluma apareció de la nada? ¿Cómo sabes si es una señal o simplemente algo que un pájaro ha soltado?

Lo más probable es que la pluma aparezca en un lugar poco habitual y directamente delante de usted. Este tipo de señales suelen aparecer en la puerta de su casa o en una prenda de ropa. Sabrás cuándo se envía una señal mágica por los sentimientos que evoca.

¿Qué significan los colores de las plumas?

Blanco

Alguien vela por ti. Tu ángel de la guarda te enviará a menudo una pluma blanca para hacerte saber que te cubre las espaldas. El blanco significa una forma de protección desde arriba y te traerá alegría y amor. Las plumas blancas también están relacionadas con la energía lunar, que te infundirá una sensación de pureza y paz.

Rojo

Es el color del chakra raíz y significa pasión y energía. Los espíritus te regalan el valor y la vitalidad necesarios para superar los tiempos difíciles. Las plumas rojas aparecen para mostrarte que la buena fortuna está en tu futuro. El rojo también es el color del amor, así que tus espíritus te están diciendo que tu relación irá bien, siempre que aportes energía y pasión.

Azul

Este color representa el chakra de la garganta. Los espíritus te están diciendo que digas tu verdad y que se te escuche. Te están enviando una señal de que debes ser más agradecido contigo mismo y menos negativo contigo mismo.

Amarillo

Es el color representativo del chakra del plexo solar. Las plumas amarillas son un signo de sabiduría y de conexión con las energías solares, y los espíritus te están bendiciendo con sabiduría y alegría a la vez que te recuerdan que puedes ser un poco demasiado serio. Abraza tu lado juguetón y sé más alegre. A veces puede verse envuelto en asuntos profundos y olvidarse de dejarse llevar y disfrutar de la vida.

Verde

Es el color del chakra del corazón. Como tal, representa el amor, las emociones y las relaciones. Significa un periodo de fertilidad y nacimiento. El verde también indica que los beneficios curativos de la naturaleza están pendientes de ti, y que debes conectar con los organismos vivos y la flora.

Naranja

Es el color del chakra sacro y representa la creación y la energía. Los espíritus están indicando sus energías sexuales, y sus atracciones aumentarán pronto. Está a punto de encontrarse con un amor y una energía físicos fuertes. Asegúrese de aprovechar cualquier oportunidad de conectar con una fuerza complementaria positiva de la naturaleza.

Rosa

Esta pluma de color se envía para recordarte que los espíritus siempre están ahí para ti. Tienen amor incondicional y amistad en los que puedes confiar, pase lo que pase. El universo te envía una señal de que has sido bendecido con su amor y apoyo.

Gris

Este es el color de la fe. Los espíritus te están diciendo que creas en ti mismo y que sepas que incluso el problema más molesto se resolverá con el tiempo. Un par de plumas grises significa que reconocen los traumas que estás sufriendo actualmente y que están trabajando en la solución. Resiste y ten la seguridad de que vendrán tiempos mejores.

Morado

Es el color del chakra coronario, que forma tu conciencia central. Una pluma púrpura se envía para recordarte lo conectado que estás con tu yo espiritual. También significa que estás preparado para mejorar tus conexiones y ascender a un plano superior.

Marrón

El color de la Tierra. Una pluma marrón es señal de que debes enraizarte y mejorar tu sentido del hogar. Puede que inconscientemente estés descuidando a tu familia y olvidándote de cultivar tus amistades. Una pluma marrón es un suave recordatorio de que debes respetar tus raíces y prestarles la atención que merecen.

Negro

A menudo se malinterpreta el color negro cuando se trata de significados espirituales. Aunque puede ser una seria advertencia de los espíritus, también es un signo de protección del universo. Una pluma negra brillante representa a los espíritus chocando los cinco con respecto a tu desarrollo espiritual. La envían para felicitarle por sus progresos y recordarle que su búsqueda de la comprensión espiritual va por buen camino.

La próxima vez que te envíen una pluma, acuérdate de dar las gracias. Deja de hacer lo que estés haciendo y reza una oración o da las gracias de corazón al universo por su mensaje. Guarda las plumas en un lugar sagrado, como un altar, o colócalas a la vista. Son para admirarlas y te recordarán que tus espíritus siempre están contigo.

Otras señales significativas de que los espíritus se comunican con usted

1) Una brisa aparece de repente.

¿Has sentido alguna vez un soplo de aire fresco en un día de calma? Una suave caricia de aire significa que los espíritus te están bendiciendo con un tranquilo recordatorio de que están ahí para ti. Cuando sientas esta sensación, mira a tu alrededor y comprueba si hay algo más afectado por la brisa. ¿Se mueven las hojas, o sólo tú? Este tipo de contacto es una de las señales más reconfortantes.

2) De repente aparece música que tiene un significado especial para ti.

Todos tenemos canciones especiales que nos recuerdan ciertos momentos y emociones. Cuando el universo intenta reconfortarnos, nos envía una canción para recordarnos tiempos mejores. Las canciones que se relacionan con tu situación son una forma común de que los espíritus nos envíen mensajes.

3) Visitantes de la naturaleza

A los espíritus se les da especialmente bien utilizar las fuerzas naturales para enviarnos mensajes a la Tierra. Las mariposas, las golondrinas, las águilas, los zorros y los búhos están imbuidos de significado, al igual que muchos otros animales. Cuando te encuentras con una fuerza natural en un lugar inusual, te están enviando un mensaje para reconfortarte y darte alegría.

4) Te reencuentras con alguien de tu pasado

A los espíritus les encanta utilizar conexiones pasadas para transmitir sus mensajes. Si te encuentras con alguien o recibes una llamada de una persona a la que no ves desde hace años, asegúrate de prestar atención a la conversación. Sin duda tendrá cosas pertinentes que contarte. Toma nota y actúa en consecuencia.

5) Tienes la sensación de que alguien te observa

Se trata de una sensación común entre quienes manifiestan activamente sus deseos. A los espíritus les encanta darte una sensación física de su presencia creando una sensación de protección. Cuando estableces una conexión con el universo, a éste le encanta recordarte que está pendiente de ti.

6) Consejos de fuentes aleatorias

¿Alguna vez ha encendido la televisión o la radio y le ha sorprendido el tema del programa? Por casualidad, sintoniza un programa de asesoramiento financiero cuando tiene problemas monetarios o se encuentra al azar con un anuncio de ayuda financiera. Las vallas publicitarias, los medios de comunicación y otras fuentes aleatorias pueden contener mensajes de los espíritus. Algunos lo llaman coincidencia, mientras que otros se dan cuenta de que es providencia de lo alto.

7) Regalos inesperados de fuentes fortuitas

¿Le están sucediendo cosas buenas últimamente? ¿Estás viviendo una sucesión de días en los que todo te sale bien? ¿Sabe qué? Los espíritus te están diciendo que te mereces lo mejor. Sentirse afortunado y bendecido es un gran regalo de los espíritus. Acuérdate de agradecerles sus intervenciones y de reconocer los dones que te han concedido.

8) Sincronicidad de los números

La vida cotidiana está llena de encuentros numéricos. Pagas facturas, compras en la tienda, compruebas la hora y la fecha, y cada encuentro ofrece a los espíritus la oportunidad de comunicarse. La numerología es una poderosa forma de interpretar lo que esos mensajes te están diciendo, por lo que comprender el significado de los números es vital.

El significado espiritual de los números

1) El número uno representa la independencia y la creatividad. Este número dice que eres más un líder que un seguidor, y que eres un espíritu libre. Cuando el

número se repite, significa la apertura de una puerta espiritual para que conectes con el universo y desarrolles tu máximo potencial con su ayuda.

2) El número dos representa la presencia de energía masculina y femenina. Señala armonía y equilibrio, y cuando se repite, significa que su vida se encuentra en un lugar armonioso. Los espíritus te están diciendo que tus deseos y manifestaciones están a punto de fructificar.

3) El número tres representa la mente, el cuerpo y el alma. Los espíritus te aseguran que estás preparado para crecer y expandirte. Cuando el número se repite, señala la ausencia de conflicto y te da luz verde para trabajar en tu espiritualidad.

4) El número cuatro se asocia con la fuerza interior y la prosperidad. Varios cuatros significan que tendrás éxito en los negocios y en la creación de algo beneficioso para los demás.

5) El número cinco es símbolo de libertad y felicidad. Múltiples cincos indican que se avecinan cambios y los espíritus te están diciendo que te prepares para una ola de positividad que entrará en tu vida.

6) El número seis indica que debes ser más humilde. A los espíritus les encanta su confianza en sí mismo, pero le están diciendo que se contenga y tenga los pies en la tierra. Los seises repetidos significan que te animan a escuchar tu voz interior y a utilizar tu intelecto.

7) El número siete está relacionado con la salud espiritual y la iluminación. Los espíritus utilizarán ejemplos repetidos de sietes para recordarte que debes trabajar en tu desarrollo espiritual y en tu conciencia. El triple siete es una poderosa señal de que la buena fortuna, la suerte e incluso los milagros se dirigen hacia ti.

8) El número ocho representa tu parte más sólida y fiable. Los ochos repetidos son señales de que su energía universal se utilizará mejor para mejorar asuntos prácticos, como sus finanzas. El triple ocho representa un flujo natural de riqueza y prosperidad.

9) El número nueve significa finalización. Cuando veas este número o múltiplos de nueve, es señal de que algo debe ceder. Debes dejar ir un área de tu vida para que otras puedan crecer. El doble de nueve es una señal del universo para que pienses en cómo puedes servir a los demás. Cualquier múltiplo de nueve indica el cierre de un capítulo y la necesidad de compasión.

CAPÍTULO 6: ARCÁNGELES

¿Quiénes son los Arcángeles?

No hay que confundirlos con los ángeles de la guarda, estos cuerpos celestes son un vínculo directo con los poderes celestiales. Si eres cristiano, se trata de la entidad que conoces como Dios, y si perteneces a distintos grupos religiosos, están conectados con el espíritu o deidad más elevada dentro de tu sistema de creencias.

A pesar de su elevado estatus, no es difícil invocarlos. Están ahí para ayudar y agradecerán tus comunicaciones. Puedes pedirles que intervengan en tu vida rezándoles y solicitando mentalmente su ayuda. Puedes conversar con ellos verbalmente o escribirles una carta para exponerles tus intenciones. Prepárate para que una fuerza mayor entre en tu vida cuando invoques a los Arcángeles.

Al igual que otros guías espirituales, cada uno de los Arcángeles tiene un propósito específico y un área en la que se especializan. Esto no significa que no puedas contactar con ellos sobre temas más genéricos, pero comprender sus puntos fuertes te dará más posibilidades de encontrar las respuestas que necesitas. Pueden ayudarte con su sabiduría, y lucharán a tu lado siempre que los necesites.

En la Biblia, a los Arcángeles se les atribuyen inmensos poderes y son responsables de gobernar a los ángeles menores. Si necesitas una fuente de poder del reino espiritual, recurre a estos influyentes miembros del mundo astral.

¿Qué representan los arcángeles?

Lo primero que hay que entender es que la mayoría de las representaciones de los Arcángeles los muestran como un género determinado. En realidad, adoptarán el género que se adapte a la situación.

Arcángel Gabriel

El nombre Gabriel significa Dios es mi fuerza, lo que da una idea del poder que ejerce este Arcángel. Es el mensajero supremo y te ayudará si tienes dificultades para comunicarte claramente con tu equipo espiritual. Invócalo para interpretar con mayor claridad los mensajes de lo Alto y déjate bendecir por su poder y su amor.

Arcángel Miguel

Este ángel guerrero se representa a menudo portando una espada y un escudo. Es el protector definitivo y luchará por ti cuando sufras ataques psíquicos. Si tienes dragones que matar, quieres a Miguel a tu lado. Es el ángel más poderoso del reino celestial, y en el día del juicio, será su responsabilidad pesar todas las almas humanas en la balanza de la justicia.

Arcángel Rafael

Su nombre significa el que cura, así que acude a Rafael si tienes problemas de salud o enfermedad. Se ocupa de todo tipo de enfermedades y sufrimientos físicos, emocionales y mentales. Está lleno de compasión y consuelo y acudirá en tu ayuda si necesitas consuelo y cuidados.

Arcángel Ariel

La Leona de Dios. Deja que esta poderosa fuerza entre en tu vida cuando te veas afectado por cuestiones medioambientales. Ariel es una campeona de la naturaleza y te ayudará a tratar tus preocupaciones sobre asuntos ecológicos y animales heridos. Es la guerrera ecológica por excelencia y su poder te aportará la fuerza necesaria para luchar por un mundo mejor.

Arcángel Haniel

Su nombre significa la alegría de Dios. Invócala cuando necesites ayuda para conectar con tu yo superior. Ella es la responsable de proteger tu alma, así que invoca sus poderes si te sientes herido internamente y necesitas sanar. Ella te ayudará a sanar y a superar los vaivenes emocionales destructivos y perjudiciales.

Arcángel Metatrón

El ángel de la vida Metatrón es responsable del árbol de la vida. Entre sus deberes está registrar las buenas acciones de la gente y ayudar a los niños a crecer hasta la edad adulta. Si quieres explorar tus dones psíquicos y espirituales potenciales, ponte en contacto con Metatrón y pídele ayuda para desarrollar tus habilidades. Si tienes que tomar una decisión importante, pide consejo a Metatrón.

Arcángel Jofiel

Se la conoce como la belleza de Dios y se la asocia especialmente con la creatividad y el talento artístico. Tiene una vibración poderosa y traerá la calma a los que están en agitación. Utilízala para traer alegría a tu vida siempre que te sientas negativo o triste.

Arcángel Muriel

Su nombre significa el perfume de Dios. Lleva compasión y amor a quienes lo necesitan. Muriel ayudará a quien la necesite y, una vez establecida la conexión, sentirás que has hecho una nueva amiga. Llámala cuando necesites apoyo emocional.

Arcángel Uriel

El ángel de la sabiduría. Será la luz que te guíe en tiempos oscuros. Su sabiduría y perspicacia te ayudarán a desarrollar tus percepciones y a resolver tus problemas. Es uno de los serafines iluminados, lo que significa que tiene un vínculo directo con el Creador y puede ayudarte a establecer lazos con el mundo espiritual.

Arcángel Azrael

El ángel de la muerte. Utilízalo como consejero espiritual en momentos de dolor y pérdida; si tu ira y negatividad han llegado al punto en que te sientes capaz de hacer daño a alguien, acude a Azrael para que te guíe. Él le ayudará a volver a un buen lugar en la vida y a dejar ir las emociones negativas que está albergando.

Arcángel Zadkiel

El ángel del perdón y la misericordia. Es una fuerza poderosa que puede ayudarte a dejar ir el pasado y renacer espiritualmente. Te dará la fuerza para limpiar tu alma y elevar tus vibraciones perdonándote y liberándote para convertirte en la persona que quieres ser. Si estás atascado en una rutina y quieres avanzar, Zadkiel vendrá en tu ayuda.

Arcángel Chamuel

El ángel de las relaciones pacíficas. Llámalo para que traiga la calma a cualquier situación sentimental que se te haya ido de las manos. Las relaciones físicas son importantes, pero también te ayudará con los vínculos espirituales.

Arcángel Jeremiel

Se trata de un Arcángel único. Es uno de los siete originales responsables de supervisar a la humanidad y atender sus necesidades. No es un ángel vocal, sino que prefiere comunicarse a través de los sueños y otros métodos no verbales. Le encanta guiarnos y enseñarnos, pero enviará sus mensajes a través de símbolos, sueños y visiones. Su influencia sobre tu mente subconsciente significa que siempre está contigo cuando lo necesitas.

Arcángel Raziel

Es el ángel del secreto y una de las manos derechas de Dios. Guarda el misterio del universo y posee los conocimientos más innatos sobre él. Su conocimiento no se adquiere fácilmente; cree que si se quiere tener una mayor base espiritual, hay que trabajar para conseguirlo. Su naturaleza tranquila y serena hace que a menudo pase desapercibido, pero ten por seguro que quiere que tengas éxito y hará todo lo que esté en su mano para ayudarte.

Arcángel Sándalo

Es el guardián de la naturaleza y un vínculo directo con las fuerzas terrestres. Se deleita con la música y la alegría, lo que le convierte en uno de los Arcángeles con los que es más fácil trabajar. Su carácter realista le hace accesible y le proporciona un camino directo a los cielos. Por su cercanía, Sándalo es el Arcángel perfecto para los principiantes. Le recibirá con los brazos abiertos y le ayudará a sentirse cómodo en los reinos superiores.

Arcángel Sachiel

Es un nombre relativamente desconocido en los registros modernos de Arcángeles. Su nombre se asocia con el planeta Júpiter, el más grande del sistema solar. Es el ángel del crecimiento y del éxito. Puede ayudarle en cuestiones de éxito personal, prosperidad y ganancias materiales. Puede que no parezcan áreas angelicales, pero a veces todos necesitamos ayuda para tener éxito. Pídale que le ayude a ampliar sus pensamientos, a asumir riesgos y a evolucionar.

Arcángel Orión

Asociado a la estrella Orión, se le considera el menos ostentoso de todos los Arcángeles. Es nuevo en la interacción con los humanos y prefiere que sus mensajes no sean verbales. Su principal objetivo es ayudarte a desinhibirte e inspirarte para que crezcas y te expandas. Aporta una vibración única a tu vida y puedes confiar en él para hacer realidad tus sueños.

Conectar con los Arcángeles puede parecer un gran paso espiritual. Algunas personas necesitarán mucho valor para llegar a estos importantes seres espirituales, pero a otras les resultará fácil. Recuerda, tus afiliaciones religiosas no importan cuando se trata de los Arcángeles; ellos te ayudarán sin importar cuáles sean tus creencias.

Tienen el poder de acceder a tus pensamientos y puedes confiar en que los mantendrán en secreto. No necesitas realizar rituales especiales para invocar su ayuda; sólo necesitas una mente abierta. Una vez que sientas los poderes telepáticos que los ángeles te enviarán, es una señal de que reconocen tus necesidades y están manos a la obra.

Pronto reconocerá que algunos Arcángeles trabajan mejor en tándem con otros. Por ejemplo, Orión y Sachiel concentran sus poderes en el éxito y la riqueza material. Tráigalos a su equipo espiritual y sentirá la diferencia casi de inmediato. Tendrás la confianza en ti mismo y la fuerza interior para alcanzar tus sueños y convertirte en un ser humano más exitoso gracias a su ayuda.

El Libro de la Vida nos dice que Sandalphon y Metatron son hermanos, por lo que su poder está entrelazado. Estudia las características y poderes de todos los Arcángeles, y te beneficiarás aún más de sus intervenciones. No esperes que el proceso te traiga visiones y mensajes inmediatamente, ya que tu técnica mejorará con la práctica. Como con todas las comunicaciones espirituales, el primer paso es dar tu permiso para el contacto. Una vez que hayas abierto tu mente a ellos, te responderán.

CAPÍTULO 7: ANIMALES ESPIRITUALES

Los espíritus que nos protegen adoptan muchas formas cuando nos visitan. Saben intuitivamente cómo hacernos sentir tranquilos y protegidos adoptando una forma natural, normalmente un animal o un pájaro. Estas formas espirituales a menudo se agrupan bajo el nombre de "animales espirituales", pero hay diferentes significados detrás de ciertos espíritus.

Debes decidir qué significan estos símbolos de la naturaleza y determinar el mensaje que aportan. Esto tendrá sentido cuando se aplique a los acontecimientos presentes, pasados o futuros y a las emociones que desencadenan. Debes comprender que no puedes elegir tu animal espiritual ni cuándo hará su aparición en tu vida. Esto ya está predeterminado y ocurrirá cuando sea el momento adecuado.

Puede que sientas que estás más asociado con el poderoso león o con un poderoso oso, pero sigues viendo mariposas y patos en lugar de las poderosas bestias con las que crees que estás conectado. Cree en el proceso y deja que fluya de forma natural. Los espíritus te asignarán el animal adecuado en el momento oportuno. Estos cambiarán a medida que evolucione tu situación y tu madurez. Las fases específicas de tu vida estarán representadas por los animales que sean relevantes para tus necesidades.

Es posible que sientas afinidad por ciertos animales en función de tu fecha de nacimiento. Si naciste bajo Aries o Capricornio, sentirás afinidad por animales caprinos como el carnero y la cabra. Las ovejas y otras razas con pezuñas hendidas te intrigarán. Los animales piscinos atraerán a los nacidos bajo signos de agua, mientras que los leones y otros grandes felinos atraen a los nacidos bajo el signo de Leo.

Pero, ¿y si tu signo del zodiaco no tiene conexiones con el mundo animal como Géminis o Virgo? Estos signos son más propensos a encontrar una conexión con animales fantásticos míticos como el ave fénix o Bigfoot. No hay reglas rígidas y rápidas con respecto a los animales espirituales, y obtendrás tu conexión en función de tu personalidad, tus necesidades espirituales y los rasgos que el animal pueda aportar a tu mundo.

No se trata de esnobismo espiritual. El insecto más pequeño es tan poderoso como la poderosa jirafa. Recuerda que todos formamos parte del gran tapiz que llamamos vida y que todos tenemos un papel importante que desempeñar. Si te atraen las luciérnagas, hazlo.

Animales espirituales, tótem y de poder

Animales espirituales

¿Ve ejemplos repetidos de determinados animales allá donde mire? ¿Ves al azar documentales sobre ellos y luego una obra de arte con su imagen? ¿Forman parte de un anuncio que parece aparecer en la televisión entre cada programa que ves? Es probable que sea tu animal espiritual.

Efectivamente, estas formas espirituales son una representación de los poderes y habilidades que tienes actualmente. Se envían para recordarle su poder de crecer, expandirse y mejorar aprendiendo. También representan mensajes relativos a diferentes personas o situaciones en las que estás involucrado actualmente.

Por ejemplo, un animal lento, como una tortuga o un perezoso, será enviado para decirle que vaya más despacio y reconsidere cualquier decisión seria que haya tomado recientemente. Un pájaro espiritual te visitará si los espíritus creen que ha llegado el momento de que despliegues tus alas. La interpretación que hagas de tus espíritus animales depende de ti, pero tener un conocimiento general de lo que representan te ayudará.

Tótem Animales

¿Tiene una colección de objetos relacionados con un animal en particular? ¿Sabe que tiene demasiados, pero se siente obligado a comprar todo lo que cae en sus manos? Este es tu animal tótem que habla a tu alma. En la cultura nativa americana, la tradición dictaba que tu animal tótem se quedaba contigo y con tu familia de por vida. Cuando crezcas espiritualmente, también crecerá tu conocimiento de tu animal tótem.

Animales poderosos

Si nunca has oído el término Biomímesis o Biomimética, es posible que no hayas experimentado la conexión con los animales de poder. En las culturas nativas, los ancianos enseñan a los niños desde pequeños a invocar al reino animal para que les ayude a aprender a desarrollarse. Los cazadores potenciales invocan al tigre o a la pantera para "parecerse" a ellos cuando cazan.

El espíritu del animal guiaría a los niños para dominar la actividad y les aportaría los conocimientos que necesitan. Por ejemplo, se recurriría a una ardilla para aportar diversión, mientras que un halcón ayudaría a ver mejor una situación.

Invocar a tu animal de poder es un proceso natural. El ADN conecta a todos los humanos y animales, y todos tenemos el poder de aprovechar el conocimiento que buscamos. Llama o invoca al espíritu de tu animal de poder necesario para que te otorgue su energía y su fuerza siempre que lo necesites.

Los animales con los que te comunicas proceden de un sistema ecológico diverso, por lo que pueden ser insectos, mamíferos, peces, anfibios o aves. Otra posibilidad es que el mundo espiritual decida enviarte representaciones del mundo de las criaturas fantásticas y mitológicas. Cada forma de vida representa algo, así que espere ver criaturas más diversas a medida que su yo espiritual crezca y se sintonice más finamente con los mensajes que recibe.

He aquí algunos ejemplos de criaturas y animales que aparecerán como animales espirituales y que pueden ser invocados como animales de poder:

Anfibios y reptiles

Estas resistentes criaturas están estrechamente relacionadas con el agua y existen en un mundo dividido entre la tierra y el agua. Como tales, representan los dos elementos de la Tierra y el agua. Se te aparecerán cuando te sientas desconectado de tus verdaderos sentimientos. Son un símbolo que le indica que ha llegado el momento de dejarse llevar y liberar sentimientos reprimidos.

Si tienes un animal tótem reptil o anfibio en tu vida, significa que tienes amor y calor. Eres ferozmente independiente y a menudo tendrás habilidades psíquicas.

Como animal de poder, recurra a los reptiles y anfibios para su desarrollo personal y para que le ayuden a desarrollar sus sentidos espirituales. Te ayudarán cuando necesites aumentar tus niveles de energía y amplificar tu voz espiritual.

Uno de los espíritus anfibios más populares y comunes es la rana. Si ves imágenes y representaciones de ranas, puede ser señal de muchas cosas. A menudo significa que estás influenciado por la apariencia física y que te estás perdiendo el amor por ello. Las ranas nos dicen que nos tomemos tiempo para conocer a las personas y descubrir su belleza interior.

La aparición de una rana también es un indicio de prosperidad y tiempos de abundancia para ti y tu familia. Tu espíritu de rana te está diciendo que te cuides y desintoxiques tu vida. También es un símbolo de fertilidad y renacimiento.

Otros animales comunes de esta categoría son las serpientes, los dragones, los cocodrilos y las salamandras. Representan la libertad y la liberación, seguidas de la transformación y la adaptación.

Simbolismo y significado de las aves

¿Está listo para desplegar las alas y volar? El simbolismo que representan los pájaros es una clara señal para hacerlo. Sin embargo, hay mucho más que aprender de los espíritus de las aves. ¿Cómo vive tu espíritu pájaro en particular en su entorno natural? ¿Son pájaros solitarios o tienden naturalmente a reunirse en bandadas? ¿Su grito es estridente o su canto le habla al alma?

Muchas culturas creen que los pájaros son el vínculo natural con los seres superiores, y cuando vienen a visitarnos, es un acontecimiento verdaderamente mágico. Son los precursores de la primavera, y cuando vienen a ayudarte, es una señal de transición. Puede que te hayas quedado estancado en tu rutina y necesites un empujón para seguir adelante. Los pájaros te ayudan a elevar tu ser consciente y a remontar el vuelo. Como existen en un mundo que está entre la Tierra y el aire, representan ambos elementos.

Otros significados comunes de las aves espirituales

- Los pájaros azules significan amor y suerte.

- Los pájaros pardos significan que necesitas hacerte un chequeo médico o que estás en vías de recuperación.

- Los pájaros blancos representan la positividad y la hora del cambio.

- Los pájaros carpinteros significan que estás preparado para el cambio y también enseñan el arte del inconformismo.

- Los cisnes son un símbolo de pureza e inocencia y a menudo se envían a personas que tienen problemas con sus relaciones sentimentales.

- Los loros representan tu voz, tanto en el mundo físico como en el espiritual, y te son enviados para animarte a utilizar tus palabras con sabiduría.

- Los búhos te envían cuando ha llegado el momento de guardar silencio; simbolizan el enfrentamiento con tus sombras y la superación de tus demonios.

- Un ganso aparecerá en tus sueños cuando necesites protección y defensa.

- Los cuervos son los pájaros espirituales más poderosos y son enviados para guiarte en la siguiente etapa de transmutación de tu viaje espiritual.

Simbolismo y significado de los peces

Los peces viven en el agua y están sometidos a corrientes fuertes y otros elementos poderosos. Simbolizan las emociones subconscientes y los periodos de lucha que pueden afectar a la vida humana. Cuando te encuentres con un animal espiritual pez o crustáceo, significa que ha llegado el momento de renacer y de realizar un examen más profundo de tus vínculos emocionales.

Al igual que ocurre con las demás categorías, existen innumerables especies dentro del mundo de los peces, y cada una de ellas tiene un significado específico. Puedes aprender de ellos de muchas maneras, como por ejemplo cómo existen en la naturaleza. ¿Son cazadores o presas? ¿Nadan solos o en bancos?

He aquí los miembros más comunes de la familia de los peces y sus significados espirituales:

- Los caballitos de mar son la única especie cuyos miembros masculinos pueden quedarse embarazados. Representan una fuerte fuerza masculina que puede significar que tienes que dar un paso al frente como papá o recurrir a tu padre en busca de ayuda.

- Los salmones son conocidos por nadar a contracorriente, así que te están diciendo que perseveres en los momentos difíciles y sigas adelante a pesar de todos los obstáculos.

- Los cangrejos son símbolo de cambio y de tomar una nueva dirección.

- Los peces ángel son la encarnación colorida y hermosa de una auténtica conexión con la fuerza divina.

- Las barracudas se envían cuando se necesita fuerza y escapar rápidamente de los problemas.

- Los tiburones representan el valor de emprender un nuevo camino y dejar atrás el miedo.

Simbolismo y significado de los insectos guías espirituales

Los insectos son la clase de animales más diversa, ya que viven en todas partes. Vuelan, cavan y, lo más importante, polinizan todo lo que crece. La mayoría de la gente los considera una parte molesta del ecosistema, pero en realidad son la columna vertebral del mundo natural.

El simbolismo global de los insectos representa algunos de sus rasgos comunes. Son nutritivos, productivos, tenaces y poseen un espíritu comunitario.

Algunos de los insectos espirituales más comunes y su significado

- Las arañas son uno de los elementos más creativos de la naturaleza. Representan el poder y la magia y el estar atrapado en una rutina espiritual.

- Las avispas son las guerreras naturales del mundo de los insectos; son enviadas para animarte a luchar por lo que quieres.

- Los escorpiones son una señal de que tu vida es tóxica y necesitas alejarte de las personas negativas de tu entorno.

- Las mariquitas te dicen que ha llegado la hora del amor y te enseñan a atraer las cosas que deseas.

- Las luciérnagas son el faro luminoso de la naturaleza y representan tu momento de brillar; te mostrarán cómo mejorar en las interacciones sociales.

- Las abejas producen miel, así que cuando aparecen en tus sueños o como símbolos, es hora de que la dulzura forme parte de tu vida.

Signos, simbolismo y significados de los espíritus de los mamíferos

Todos los días nos encontramos con mamíferos de una forma u otra. Son nuestros parientes más cercanos en la Tierra, así que parece obvio que serán la forma de animal espiritual que más nos atraiga. Los animales y símbolos espirituales mamíferos están fuertemente conectados con el corazón de la Madre Naturaleza. Te ayudarán a sintonizar tus vibraciones internas con sus ritmos y ciclos para que puedas recordar los mensajes que provienen de la naturaleza.

El simbolismo global de los mamíferos incluye una conexión con la tierra, los ritmos naturales, el enraizamiento físico y la necesidad de coherencia.

Algunos de los mamíferos espirituales más comunes y su significado:

- Los yaks son un símbolo de fuerza bruta y son enviados para ayudarte cuando la sutileza no funciona.

- Los lobos son seres enigmáticos que viven en manadas pero pueden sobrevivir en solitario; son enviados para decirle que ha llegado el momento de dar a conocer su posición en su manada o de plantearse separarse y ser autosuficiente.

- Las comadrejas son enviadas para ayudar a las personas con baja autoestima a reforzar su confianza.

- Los tigres te ayudan a descubrir tu sentido de la aventura y a dar rienda suelta a tu curiosidad.

- Los leopardos de las nieves son un símbolo de paz y quietud. Son enviados para decirte que des un paso atrás y huelas las rosas.

- Los renos simbolizan un cambio tanto profesional como físico. Te están diciendo que está bien mudarse lejos o contemplar tu profesión actual.

- Los conejos son un símbolo que te dice que mires antes de saltar.

- Las zarigüeyas son una señal de que te acecha el peligro, y tienes que dar un paso atrás y dejarlo pasar.

- Los animales espirituales orangutanes representan la sabiduría y una inteligencia intensa y feroz.

- Los leones simbolizan la fuerza suprema y te aportarán la capacidad de mantener a salvo a tu familia y, al mismo tiempo, liberar a tu cachorro interior cuando sea necesario.

- Las marmotas son la forma que tienen los espíritus de decirte que respetes los ciclos de la naturaleza y vuelvas a encauzar tu vida.

- Los zorros trotan hacia tus energías espirituales para decirte que es hora de desarrollar tus sentidos y habilidades psíquicas.

- Los delfines representan el amor propio y la comunidad.

- Los perros representan el amor incondicional y te enseñan a ser menos crítico.

- Los osos simbolizan el valor y la fuerza.

- Los osos hormigueros simbolizan la necesidad de soledad e introspección.

Simbolismo de las criaturas míticas y su significado

¿Cómo pueden las criaturas de la fantasía y el mundo mítico tener la misma fuerza espiritual que los animales del ecosistema? A veces la naturaleza no basta cuando necesitamos que nos vuelen la cabeza, y tenemos que levantarnos y prestar atención. Algunas de las criaturas fantásticas más populares son amalgamas de animales reales a los que se han imbuido poderes sobrenaturales. Por ejemplo, el dragón tiene propiedades relacionadas con la serpiente y el lagarto, pero puede volar y respirar fuego. El Grifo también es una criatura compuesta por elementos del águila y el león, portadora de mensajes de ambos animales.

Se puede confiar en estos arquetipos del mundo místico para sacar las percepciones de la realidad en blanco y negro en la que vives y ampliar tu sabiduría cultural.

El simbolismo de algunos de los animales fantásticos más conocidos y su signifi-cado:

- El unicornio te brinda la oportunidad de ver el mundo con nuevos ojos.

- Los espíritus de Phoenix te visitarán cuando necesites curarte; te mostrarán cómo pueden surgir grandes cosas incluso de las circunstancias más trágicas.

- La sirena simboliza el equilibrio entre el corazón y la mente; te enseñará a tener una perspectiva sana y a convertirte en una persona íntegra.

- Los dragones te dicen que es hora de reavivar tu fuego y trabajar en tu alma.

- Bigfoot o cualquiera de sus alter egos son un recordatorio de que hay que plantar cara al acoso y mantenerse firme.

Aunque esta guía te ayudará a comprender los significados básicos de los espíritus guía en forma de animales, no es en absoluto exhaustiva. Si descubres que los espíritus animales se ponen en contacto contigo con regularidad, te ayudará estu-diar las antiguas creencias culturales y las conexiones que tienen con los animales. El tema es una visión fascinante de la interpretación espiritual y la conexión con el fenómeno natural que te rodea.

CONCLUSIÓN

Ahora tienes el poder de contactar con tus guías espirituales y solicitar su ayuda; estas prácticas pronto formarán parte de tu vida normal. Al igual que coges el teléfono para preguntar a tu mejor amigo qué hacer, pronto pedirás consejo a tus guías. Cada experiencia es especial y debe tratarse como tal. Así que, si estás preparado para dar la bienvenida al amor y la compasión en tu vida, ¡adelante!

Espero que haya disfrutado leyendo este libro y que le haya resultado informativo y útil. Buena suerte, mantente a salvo y abraza a tu equipo espiritual.